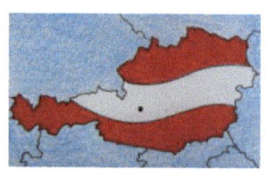 Schladminger Tauern

Ursula Koch

Der Augenblick und du

„Mein Jakobsweg"
über die Schladminger Tauern

Impressum

Bibliografische Information der Deutschen Nationalbibliothek:
Die Deutsche Nationalbibliothek verzeichnet diese Publikation in der Deutschen Nationalbibliografie; detaillierte bibliografische Daten sind im Internet über http://dnb.d-nb.de abrufbar.

© 2016 **Ursula Koch**

Umschlagbild: Ursula Koch ©
Fotos innen: Ursula Koch©, Franz Mezera ©

Alle Rechte, auch das des auszugsweisen Nachdrucks, der auszugsweisen oder vollständigen Wiedergabe, der Speicherung in Datenverarbeitungsanlagen und der Übersetzung vorbehalten.

Herstellung und Verlag: BoD - Books on Demand, Norderstedt, Deutschland

ISBN: 9783741291098

In den Schladminger Tauern

9

Dem Abenteuer entgegen

15

Etappe 1
Obertauern - Giglachseehütte
Weniger ist schwer…

33

Etappe 2
Giglachseehütte - Landawierseehütte
Wenn dir der deppertste Stein
zum Halt wird

51

Etappe 3
Landawierseehütte - Gollinghütte
Wenn der Himmel der Erde nah ist

67

Etappe 4
Gollinghütte - Waldhornalm
Einmal oben – einmal unten

89

Etappe 5
Waldhornalm – Aich im Ennstal
Höhepunkt und Abschiedsschmerz

109

Die Kraft des Impulses

115

Die Moral von der Geschicht´
oder
Schlusswort

Die **Schladminger Tauern** sind ein Teil der Niederen Tauern und somit eine Untergruppe der Zentralalpen in den Ostalpen.
Die Schladminger Tauern bestehen aus hauptsächlich kristallinen Gesteinen.
Sie haben schroffe, oft steile Bergflanken und viele Kare mit einer Menge von reizvollen Bergseen.

Mein Weg führte mich in 5 Etappen vom Radstädter Tauernpass nach Aich im Ennstal, entlang der Landesgrenze zwischen den Bundesländern Salzburg und Steiermark.

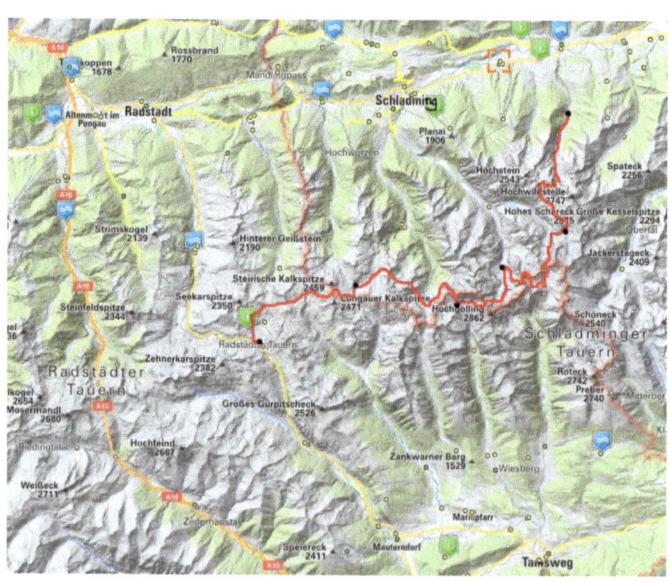

Dem Abenteuer entgegen

Froh gelaunt fahre ich, vor mich hin singend auf der Westautobahn der Nachmittagssonne entgegen.
Vor mir ragt der mächtige Traunstein auf, als würde er sich aus dem Asphalt erheben. Ein Berg! Wie freue ich mich auf meine bevorstehende Tour!
Heute vormittag, als ich mit dem Einpacken begann, war ich ganz leise, aber tief drinnen sehr g l ü c k l i c h ...
Ein fast vergessenes Gefühl, das viel Sanftheit in sich trägt. Diese Sanftheit durchströmt mich mit einer ganz leisen Intensität.
DAS BIN ICH !
So fühle ich mich „ganz" und „rund".
Ich freue mich auf meinen Weg über die Berge und die viele Zeit, die ich mit mir sein werde.

Den Wunsch, zur Landawirseehütte zu gehen, trage ich schon lange in mir.

In einem Kalender des Österr. Alpenvereins hatte ich vor Jahren eine Aufnahme dieser in einem Talkessel eingebetteten Hütte entdeckt und ins Herz geschlossen.
Ich hatte die betreffenden Wanderkarten studiert und die Route überlegt. Zweimal war dieses Vorhaben schon geplatzt. Der Enthusiasmus des Frühlings hatte sich bei meinen Bekannten nicht bis zum Sommer gehalten und ich war beide Male alleine mit meiner Wanderidee übriggeblieben.

In den Weihnachtsferien dieses Jahres blätterte ich im Reisebericht einer Bekannten. Sie war den Jakobsweg gegangen und hatte ihre Erlebnisse in Buchform niedergeschrieben. Beim Lesen einiger Zeilen sagte ich spontan: „Ich gehe auch den Jakobsweg – aber nicht in Spanien, sondern meinen eigenen.
Ich gehe über die Schladminger Tauern!"

Das war also MEIN Projekt!
Diesmal sollte mich außer einer Gewitterfront nichts von meinem Vorhaben abbringen.
Die Thematik des Gehens hatte mich erwischt, und so las ich das Buch „Ich bin dann mal weg" von Hape Kerkeling.

Im Frühjahr fixierte ich den Termin. Ich wollte auf alle Fälle gehen: Im August vom Radstädter Tauernpass über die Schladminger Tauern bis ins Ennstal. Einwände, dass man doch nicht alleine in den Bergen zu sein habe und noch dazu als Frau, hatten für mich keine Bedeutung mehr.
Der Wunsch zu gehen war größer. Ob jemand mitkam oder nicht spielte auch keine Rolle mehr.
Warum waren die Pilger vom Gehen, im Speziellen vom Alleine gehen derart fasziniert? Das wollte ich ausprobieren und auch erleben!

Was nimmt man mit? Was braucht man alles?
In den meisten Büchern über den Jakobsweg steht, dass die Pilger zu viel mitnehmen – aber was hatte das mit meiner Wanderung zu tun?
Ich ging ja über die Alpen!
Von Hütte zu Hütte.
So begann ich mit dem Zusammenlegen der Dinge, die ich mitnehmen wollte:
Wäsche, Turnschuhe, Handy, Kamera, Ladegeräte, Regenkleidung, Toilettenartikel, Kopfbedeckung, Brillen, und viel Proviant.
Der Haufen war so groß, dass ich meinen größten Rucksack aus dem Keller holte; über

30 Jahre alt und daher auch mit beträchtlichem Eigengewicht.
Gepackt kam das Ganze auf 16 kg.

Jetzt bin ich also unterwegs zu meinem großen Abenteuer. Ohne Freunde, dafür mit einem riesengroßen Rucksack.

Zufällig fährt ein lieber Bekannter vom Ennstal an diesem Tag nach Kärnten. Wir treffen uns am späten Nachmittag in Schladming, dort kann ich mein Auto beim Bahnhof stehen lassen und mit ihm bis Obertauern mitfahren.
Bei bestem Wetter geht es los. Den langen Abend will ich für die erste kurze Teilstrecke nützen, aber je höher wir kommen, desto mehr Wolken ziehen auf – und Obertauern empfängt uns im Regen. Nach kurzem Überlegen bringt mich mein Bekannter zum Alpenvereinshaus Wismeyer, wo ich mich einquartiere.

Mein riesiger Rucksack beschert mir manch eigenartigen Blick und auch ich selbst beginne zu zweifeln, ob ich bei der Auswahl der Dinge nicht doch zu großzügig gewesen bin.
Nach dem vorzüglichen Abendessen bespreche ich mit den Wirtsleuten mein Vorhaben.

Sie sagen mir, dass das Körnerhaus, welches ich ursprünglich noch erreichen wollte, seit 20 Jahren nicht mehr existiere.
Meine Karte ist also veraltet. Gut, dass es zu regnen begonnen hat und ich deshalb nicht losmarschiert bin!
Der Wirt schenkt mir eine aktuelle Karte über das Gebiet um Obertauern und ich stelle fest, dass es an den Giglachseen inzwischen eine zweite Hütte gibt; die will ich morgen ansteuern.
Gut gelaunt begebe ich mich bald zu Bett.

*

GLÜCK
ist für mich: in dem aufgehen,
was mir am Herzen liegt.

GLÜCK
ist für mich ein leises, kraftvolles
Zufriedensein.

*

Etappe 1
Weniger ist schwer…

Der Sonntagmorgen ist trüb und verhangen.
Die Wege tragen noch die Regenlacken des gestrigen Tages, aber der Himmel lässt auf besseres Wetter hoffen.
Um halb zehn verlasse ich das Wismeyerhaus und marschiere durch das fast ausgestorben anmutende Dorf bergan.
Die Träger schnüren und bereiten Schmerzen, weil der Rucksack so schwer ist.
Bald entdecke ich den Wegweiser Richtung Seekarscharte. Dort muss ich hinauf. Entlang des Hundsfeldsees, auf dem sich junge Enten spielerisch tummeln, geht es auf ebenem Weg dahin.

Dass ich mich wirklich alleine aufmachen würde, hat letztendlich niemand geglaubt.

Mich stört es nicht, oder besser gesagt: ich bin kribbelig aufgeregt und freue mich auf diese neue Erfahrung des Alleinegehens!
Nach der Seekarhütte endet der Asphalt und mündet in eine Schotterstraße. Sie beginnt zu steigen und bald erreiche ich eine kleine Bergkapelle, die zum Teil in den Fels gebaut ist.
Innen mit Zirbenholz ausgestattet, erfüllt der harzige Geruch dieses liebliche Bauwerk. Der Wunsch nach einem Zirbenholzboden in meinem Wohnzimmer meldet sich dabei wieder einmal. Wie liebe ich diesen Geruch!
Ich befinde mich hier im Vogel- und Floraschutzgebiet.
Der Weg wird zusehends steiler, das Wasser des nahen Bächleins gluckst und rauscht, die Hänge sind übersät mit duftendem Arnika und Kuhglockengebimmel rundet mein Glücksgefühl ab. Schön!
Ich begegne den ersten Wanderern, viele werden es heute nicht sein.
Der Rucksack zieht an meinen Schultern nach unten. Das kann ja heiter werden!
Nach etwa 2 Stunden erreiche ich die um 350 Meter höher gelegene Seekarscharte.
Ob ich wirklich 6 Tage für die Überschreitung brauchen werde?
Die Sonne kommt heraus, aber nur flüchtig.

Kurz nach der Abzweigung zur Vögaialm ist die Landschaft mit kleinen Seen oder besser gesagt, Tümpeln übersät, die den Weg säumen. Ich entdecke Kaulquappen, Rückenschwimmer und vieles andere Kleingetier, in einem sogar einen ziemlich großen Molch.
Steinmanndln und winzige Seen lösen einander ab, dazwischen finden sich immer wieder Alpenblumen in allen Farben.
Besonders gefällt mir der Almrausch, der mich an meine ersten Bergtouren im salzburgischen Lungau und hier in diesem Gebiet erinnert.
Ich komme an Dolinen vorbei; dies lässt die Vermutung aufkommen, dass hier auch Höhlen zu finden sind.
Der Weg schlängelt sich durch die liebliche Landschaft, Wollgras ziert die Seeufer, ich quere immer wieder das Bächlein und freue mich, dass die Sonne ab und zu hinter den umherziehenden dicken Wolken hervorlugt.
Nach 3 Gehstunden gönne ich mir eine Pause. Zum Essen habe ich ja genug mitgenommen.

Das Sitzen tut gut und ich genieße das Zeit haben. Ich lasse meine Gedanken schweifen und freue mich, dass ich mich zu dieser Wanderung aufgemacht habe.

Zettel und Stift stecken in meiner Hosentasche, damit ich sie zum Notieren von Gedanken griffbereit habe.

Das ist meine Intention zu dieser Wanderung: mich aufzumachen in die schöne Landschaft der Niederen Tauern, gepaart mit der Neugier, wie das Alleinegehen ist, welche Gedanken in mir aufsteigen, welche Vergleiche sich auftun und so weiter. Erlebtes, Erfühltes, Metaphern, Gedanken, das alles soll auf meinen Zetteln Platz finden.

Wie weit werden sich meine Aufzeichnungen mit dem decken, was die Pilger des Jakobsweges über ihre persönlichen Veränderungen berichten? Das Gehen soll ja einiges auslösen! Ich bin gespannt!

Zufrieden betrachte ich die einsame Landschaft um mich.

Plötzlich schaut mir eine Kuh über die Schulter. Ich erschrecke lachend und beende meine erholsame Rast.

Der Weg gefällt mir.

Er zieht sich durch Wiesen bergab zum Oberhüttensattel, wo ich vier Italiener treffe.

So gut es geht, unterhalten wir uns ein wenig; sie marschieren entlang des Oberhüttensees in die Oberhütte, um einzukehren. Ich entscheide

mich zum Weitergehen und nehme die nächsten 450 Höhenmeter in Angriff.
„Mankais", wie die Salzburger die Murmeltiere nennen, warnen einander, schrill pfeifend. Zu Gesicht bekommt man von diesen Nagern selten einen.
Der Weg führt anfangs zwischen Latschenkiefern, dann über den begrasten Steilhang in die Höhe und gibt beim Zurückschauen den Blick zur Seekarscharte und den um 150 m tiefer gelegenen Oberhüttensattel mit See und Hütte frei.
Schafe liegen verstreut auf dem Hang; weiße, braune und gefleckte, die wie Kühe aussehen.
Je höher ich komme, desto steiler und schottriger wird der Pfad. Nebelschwaden ziehen herum und ich passiere einige Reste von Schneefeldern. Zusehends wird es kälter.
Einen Schritt schön langsam nach dem anderen schnaufe ich hinauf.
Die Anstrengung meiner Tour auf den Kilimanjaro steht mir wieder vor Augen und ich habe das „Pole, pole!" unserer Guides auf dem Steilanstieg zum Gilman´s Point, welcher am Kraterrand liegt, im Ohr.
Pole – pole: langsam - langsam; anders ist es hier auch gar nicht möglich! Das Gewicht des

Rucksacks und die Steilheit des Weges fordern ein bedachtes Tempo.
Warum habe ich so viel eingepackt?
Brauche ich das alles für diese paar Tage?
Ich bürde mir immer wieder zu viel auf, nicht nur diesen Rucksack hier!
Warum fällt es mir so schwer, auf das Notwendige zu reduzieren? Somit verliere ich an Leichtigkeit, welche ich oft in meinem Leben vermisse!

Der Nebel wird dichter und Nieselregen setzt ein.
Ich ziehe meine Jacke an, der Rucksack bekommt seinen Schutz und mein Kopf den Hut.
Einige Schotterrietschen querend, zwischendrin feinsandig oder über stellenweise rutschig gewordene Steinplatten führt mich der Weg langsam höher.
Nichtsdestotrotz erfreuen Alpenglöckchen, die nun mit Regentropfen geschmückt sind, mein Gemüt.
Das Landschaftsbild ändert sich zusehends. Bald habe ich die Anhöhe erklommen, hier ähnelt es stark einer Mondlandschaft. Alles grau in grau und gespickt von Kratern, dazwischen mein Weg, nur mehr leicht steigend.

Der Nebel lichtet sich und lässt mich einen Blick auf die Steirische Kalkspitze erhaschen. Schwups, ist sie schon wieder verschwunden.
Höchstwahrscheinlich erweckt dieses Gebiet bei Sonnenschein einen vollkommen anderen Eindruck. So aber ist es düster, fast entrisch um mich herum.
Plötzlich hebt sich der Nebel, ich habe linkerhand die Steirische und rechterhand die Lungauer Kalkspitze vor mir, dazwischen die Ahkarscharte, auf welcher ich rasten will.
Soll ich die beiden Kalkspitzen besteigen? Sie wären nur um 150 m höher. Auf die Lungauer Kalkspitze führt ein Weg in Kehren über den Schotterabhang, nicht schwierig. Die Steirische Kalkspitze zeigt sich markanter, felsig. Auch Leute kann ich dort wahrnehmen.
Doch das Aufziehen neuerlicher Nebelschwaden und Donnergrollen lassen mich sowohl das Rasten als auch die Besteigung der nahen Gipfel verwerfen.
„Unberastet" sozusagen bleibt die Ahkarscharte hinter mir.
Bergab geht es inmitten dieser interessanten Mondlandschaft mit Dolinen und Schächten, immer wieder werden Blicke freigegeben und ich entdecke die Giglachseen, mehr als 300 m unter mir.

Ab und zu zeigt sich die Sonne, rosablühende Moospolster glitzern vom Regen, Steine geben ihre markanten Muster preis und ich fühle mich wohl so alleine. Das Gehen im eigenen Tempo gefällt mir. Es ist ein „im Einklang sein" mit mir selber und tut gut. Es darf sein wie es ist, schnell oder langsam, ohne kommentiert zu werden.

Hier gibt es die unterschiedlichsten Steine, in allen möglichen grau-weiß-ocker-Tönen; kantig, glattgeschliffen, wellenförmig, winzig oder riesig. Ich habe schon immer ein Faible für schöne Steine gehabt und deshalb viele zu Hause liegen. Fast von jeder Bergtour einen. Um meinen Rucksack nicht noch schwerer zu machen, verzichte ich diesmal aufs Mitnehmen und fotografiere stattdessen drauf los. Auf diese Art und Weise kann ich die Schönheit der Steine auch daheim noch genießen.

Nach weiteren zwei Stunden Gehzeit setze ich mich zur Rast. Nebel, wunderschöne Steine, die vielen Steinmandln und eine unsagbare Ruhe umgeben mich.

Flugzeug, Donner, ein blaues Himmelloch, dann reißt es total auf.

Links unter mir die Giglachseen, vor mir meiner Orientierung nach der Graunock.

Stille… - neuerliches Nieseln – Aufbruch.

Und wieder der Gedanke: ich trage zu viel auf meinen Schultern; viel, was nicht notwendig wäre…

Am Znachsattel überrascht mich ein schier umkippender Pfosten mit einer Flut von Wegweisern bestückt. Hier ist ein Kreuzungspunkt für viele Wege, unter anderem für den Arnoweg, auf welchem ich mich seit dem Wegweiser zur Seekarscharte befinde.
Sorgenvoll betrachte ich immer wieder den dunkler werdenden Himmel, wohl wissend, dass ich noch mehr als die Hälfte des Weges zwischen Akarscharte und meinem heutigen Tagesziel vor mir habe.
Leichter Regen setzt wieder ein, bizarre Felsformationen ergeben mit dem fast schwarzen Himmel als Hintergrund ein unwirkliches, aber gigantisches Bild.
Ich beschleunige zwar meinen Schritt, aber dem Regen, der sich über das Gebirge ergießt und die Wege blitzschnell zu Bächen werden lässt, kann ich nicht entkommen.
Den Pfützen bestmöglich ausweichend, mit einer Regenhaut aus Plastik leidlich geschützt erkenne ich unscharf die naheliegende Giglachseehütte.
Gott sei Dank ist es nicht mehr weit!

Zwanzig Minuten später bin ich unter Dach.
Der Wirt begrüßt mich freundlich und fragt, ob ich mich duschen wolle. Soll das ein Scherz sein? Wo gibt es denn auf einer Almhütte eine Dusche!?
Er aber meint es ernst. „Im Keller, links den Gang entlang!" Ich bräuchte es nur zu sagen.
Also ist nicht nur meine Wanderkarte, sondern auch mein Wissen über die Ausstattung von Berghütten veraltet, bzw. überholt.
Zu lange hat meine Berg-Abstinenz anscheinend gedauert.
Ich nehme das Angebot an, ziehe mich um und freue mich, jetzt frisch geduscht im Trockenen zu sitzen. So einen Komfort habe ich nicht erwartet, umso mehr genieße ich es.
Der zweite Gast, ein Deutscher aus dem Sauerland, kommt zu mir an den Tisch und wir unterhalten uns angeregt über dies und jenes, während der Hüttenwirt das Essen zubereitet.
Die nassen Kleidungsstücke haben wir auf das Holzgestell um den gemütlichen Kachelofen in der Gaststube zum Trocknen aufgehängt. Die Wände der Stube sind holzvertäfelt, mit vielen Ansichtskarten bestückt. Die Decke, eine Tram-Konstruktion, ist ebenfalls aus gebeiztem Holz, sowie Tische und Bänke. Alles in allem ergibt ein sehr harmonisches und Ruhe

ausstrahlendes Ambiente. Richtig zum Wohlfühlen und Entspannen.

Eine halbe Stunde später lichtet sich der Himmel, die Wolkenwand weicht und ein wunderschöner Regenbogen spannt sich über den etwas tiefer gelegenen See.

Welch ein Geschenk am Ende meines ersten Tages! Acht Stunden bin ich unterwegs gewesen und vieles hat mein Herz erfreut.

Aber das ist die Krönung. Sogar die Sonne schaut noch über die Bergkante und taucht alles in weiches, abendliches Licht.

Gut lässt sich der Beginn meiner morgigen Etappe erkennen. Das Rot der Rotmandlspitze leuchtet herüber, die grün-weiße steirische Fahne vor dem Haus trocknet, sich sanft im Wind bewegend.

Bald suche ich mein Lager auf und gleite in erholsamen Schlaf.

Etappe 1: Obertauern – Giglachseehütte

1 Wismeyerhaus Obertauern 1670 m (Salzburg)
2 Seekarscharte 2022 m
3 Oberhütten-Sattel 1866 m
4 Ahkarscharte 2315 m
Entlang der Landesgrenze zum
5 Znachsattel 2059 m
6 Giglachseehütte 1955 m (Steiermark)

Ca. 800 HM im Anstieg
Ca. 520 HM im Abstieg
Ca. 13 km
Ca. 8 Std. unterwegs

1: Mit 16 kg auf dem Rücken …

2: Kapelle im Fels mit Zirbenholzboden
   unterhalb der Seekarscharte

Viele kleine Seen entlang des Weges

3: Oberhütten-Sattel

3: Oberhüttensee mit Hütte

Hinauf in den Nebel …

4: Ahkarscharte

„… meine geliebten Steine…"

Über die „Mondlandschaft" zu den Giglachseen

5: Am Znachsattel verlasse ich Salzburg

Der Himmel verdüstert sich!

6: Die Giglachsee-hütte

Etappe 2
Wenn dir der deppertste Stein zum Halt wird

Montagmorgen. Ich freue mich, dass die Sonne vom Himmel lacht.
Das wird bestimmt wieder ein toller Tag werden!
Ein Blick aus dem Stubenfenster lässt mich jedoch eine dicke Nebelwalze erkennen, welche sich über den Bergkamm schiebt; wie eine mit Federn gefüllte Tuchent, die man aus dem Bett rollt.
Doch kein sonniger Tag?

Nach einem guten Frühstück und kurzem Abschied schultere ich erneut meinen schweren Rucksack und wandere um halb neun Uhr die letzten Meter hinunter zu den Giglachseen.
Nach dem kleineren, südlicher gelegenen See führt ein nicht markierter Weg zwischen Oberem und Unteren Giglachsee an den rechten

Berghang. Für diesen entscheide ich mich, damit erspare ich mir den An- und Abstieg des markierten Weges über die Ignaz-Mattis-Hütte, dem älteren der beiden Schutzhäuser an den Giglachseen.

Dann wende ich mich nach rechts, Richtung Rotmandlspitze. Nach kurzem Gehen erblicke ich das Rot des gegenüber liegenden überaus steilen Hanges, welches mich schon gestern fasziniert hat. Im Näherkommen entdecke ich mittendrin den im Zick-zack verlaufenden Weg.

Zuerst heißt es aber, durch die aufgeregte Schafherde zu kommen. Das ist gar nicht so einfach. Sie laufen durcheinander und bilden eine Barriere; ein Ausweichen ist wegen des fächerartig in Mäandern verlaufenden Flusses nicht möglich. Schließlich bin ich durch.

Mehr als 500 Höhenmeter habe ich zu überwinden. Es geht richtig hinauf, die Erde ist rot wie in Afrika. Vor mir entdecke ich vereinzelt Wanderer, welche sich ebenso den Steilhang hinaufplagen.

Zwischen den einzelnen Schritten rutsche ich immer wieder zurück und das Weiterkommen ist äußerst mühsam. Etwa an der steilsten Stelle ragt ein unförmiger, kantiger Felsbrocken mitten im Steig aus der rötlichen Erde und gibt mir Halt.

Manchmal sind vermeintliche Hindernisse richtige Hilfen.

Wie auch im Leben! Die größten Brocken geben dir Halt und du musst dich darauf verlassen, dass dem so ist. Mich auf fremde Hilfe einzulassen, darauf zu vertrauen, dass es passt wie es ist, kann manchmal eine ziemliche Herausforderung sein.

Ergonomisches Gehen ist genauso wichtig wie das Rasten. Und ebenfalls richtiges Auswählen, was man mit sich tragen will. Dasselbe gilt für alle Situationen im Leben, das wird mir hier ganz deutlich bewusst, während ich auf dem „depperten Stein" mitten im Weg stehe und einige Minuten Verschnaufpause einlege.

Es heißt, die Schönheit und Unterschiedlichkeit eines steinigen Weges zu erkennen und den Sinn hinter allem zu erahnen. Dann bist du eins mit dir und dem, was dich umgibt.

Markierungen sind Orientierungspunkte, die jemand gesetzt hat. Halte ich mich an sie, geht das nur im Vertrauen darauf, auf dem richtigen Weg zu sein.

Manchmal verschwindet das Ziel aus den Augen, erscheint aber wieder, wenn die Richtung klar ist.

Irgendwann überhole ich Hilde, eine etwas ältere Frau, die kaum mehr weiter kann.
Immer wieder bleibt sie stehen, um zu verschnaufen. Pole, pole – ihr Tempo ist wirklich kaum mehr langsamer möglich.
Dann bin ich oben!
Eine Gruppe lachender Menschen empfängt mich auf dem Sattel.
Einer von ihnen stützt sich keuchend auf seine Stöcke. Der steile Aufstieg hat ihm sichtlich zu schaffen gemacht. „Willst du Traubenzucker haben?" frage ich ihn und teile meine Kraftreserven. Zögernd, aber dankbar nimmt er an. Peter heißt er, hat längeres, weißes Haar und ist um die 70 Jahre alt. "Alle Achtung!" sage ich voll Bewunderung. „Hätte ich meinen Hut auf, würde ich ihn jetzt vor dir ziehen."
Bald sind alle 14 Leute der Gruppe eingetroffen, auch Hilde, welche ich auf dem erdigen Steilstück herauf überholt habe.
Ich bitte Franz, mich zu fotografieren; als Hintergrund die beiden Kalkspitzen und dazwischen die Giglachseen mit ihren Hütten. Ganz unten die rebellische Schafherde, deren Blöken bis herauf dringt.
Mit Fotos muss ich heute sparsam umgehen, da ich gestern den Akku unbemerkt ziemlich leergeknipst habe.

Eine Viertelstunde später mache ich mich wieder auf und befinde mich ab nun mitten in dieser lustigen Wandergruppe aus Gmünd im Waldviertel.
Sie gehören zu den Naturfreunden und unternehmen gemeinsam viele Bergtouren.
Ihr Vorhaben ist ebenso die Überquerung der Schladminger Tauern. „Meine Hütten, allerdings andere Routen", bemerke ich.
Sie sind von der Eschachalm über die Duisitzkarhütte am Duisitzkarsee heraufgegangen und haben in der Ignaz-Mattis-Hütte am Unteren Giglachsee übernachtet.
Wir lachen und haben Spaß miteinander. Einmal bin ich vorne, einmal hinten, wie es eben gerade passt.
Auf dem halbstündigen Weg zur nächsten Scharte geht Franz hinter mir und philosophiert über meine hinuntergerollten Hosenbeine. Was ihm dabei alles ein- und auffällt ist zum „Zerkugeln", wie ich das nenne, wenn ich über sinnloses aber lustiges Gerede sehr lachen muss.

Bald nach der Krukeckscharte tut sich der Blick zur Keinprechthütte auf, welche beinahe 600 m tiefer als die mühsam erreichte Rotmandlspitze liegt!

Ich setze mich etwas abseits auf den grasigen Hang neben den Pfad, der sich in Kehren steil nach unten windet.
Jetzt brauche ich das Alleinsein.
Das Blödeln, Witze reißen und Lachen haben gut getan.
Aber hier, genau hier, will ich alleine sein.
Viele Jahrzehnte spazieren meine Gedanken zurück bis in meine Jugendzeit.
In dieser Gegend, auf der anderen Seite des Berges, im Lignitztal, haben etliche Jungscharbergwochen der Pfarre Göttweig stattgefunden. Einige Sommer lang haben wir auf markierten und unmarkierten Wegen die umliegenden Gipfel der Hinteren Lignitzalm erkundet.
Episoden mit den Jungscharkindern fallen mir ein, ihr Lachen, ihre Fröhlichkeit, ihre ersten Gehversuche in der Bergwelt. Mittendrin ich, die Ursula, mit der Gitarre – ohne einander kaum vorstellbar! Musizieren und Singen haben mich schon immer begleitet und lebendig gemacht.
Dankbarkeit steigt auf für die vielen Jahre der Tätigkeit in der katholischen Pfarre. Während andere „auf Lager" gefahren sind, hat unser Kaplan Selbstversorgerhütten in den Bergen

gesucht und uns die Schönheit und den Reiz der Berge näher gebracht.
Diese Wochen sind zum Grundstein meiner Liebe zu den Bergen geworden.
Gerade hierher, zur Keinprechthütte, welche jetzt zu meinen Füßen liegt, sind wir des Öfteren an einem schönen Nachmittag über die Lignitzscharte herüber gewandert.

Mit den Gedanken wieder in der Gegenwart angekommen, setze ich meinen Weg fort und kehre unten ein.
Meinem Wunsch, Fotos zu schießen kann ich leider nicht nachkommen. Ich habe wie erwähnt nur einige Aufnahmen zur Verfügung, da heißt es sorgsam auswählen! Haha, sorgsameres Auswählen der mitzunehmenden Utensilien hätte auch meinen Rucksack um einiges leichter gemacht!
Ich genieße die warmen Sonnenstrahlen.
Neben den Holländern, mit welchen ich schon unterwegs geplaudert habe, finde ich noch Platz. Eine lustige Unterhaltung ergibt sich aus einem Kauderwelsch zwischen Holländisch, Deutsch und Englisch. Zum Lachen!

Sie bleiben hier über Nacht, ich breche wieder auf – allein.

Bei der Wegkreuzung zur Lignitzscharte verharre ich noch einmal kurz und schicke dankbare Gedanken hinauf.

Talauswärts leuchtet der von Blüten strotzende Berghang lila-rosa, der verzweigt fließende Bach glitzert herauf und der Wald präsentiert sich in wunderschönem dunklem Blaugrün. Herrlich!

Nicht viel weiter, zieht sich der Himmel in Windeseile wieder zu, dunkelgrauer Nebel wallt von den Hängen herunter, ich vernehme Donnergrollen und bald darauf beginnt es zu schütten. Ich bemühe mich vergeblich, meine Plastikhaut über den Rucksack zu bekommen, muss also auf die Wanderer, welche in Sichtweite hinter mir kommen warten und sie um Hilfe bitten.

Der Weg gleicht in Minutenschnelle einem Bach und das Weiterkommen bedarf einiger Balance-Akte.

Zwischen nassen Wiesen, Kuhfladen und Steinen stapfe ich immer höher kommend dem Berghang entlang.

Ich bin wieder inmitten der Naturfreunde-Wandergruppe und genieße die Gespräche, die sich entwickeln.

Die ersten schweren Regentropfen sind in einen „Salzburger Schnürlregen" übergegangen,

obwohl wir doch in der Steiermark sind! Wieder Regen! Oben rinnt´s rein, unten raus; da hilft auch eine Goretexjacke nichts, wenn die Kapuze fehlt.
Neben dem Weg liegen ½ cm große Graupelkörner, immer wieder ganze Haufen davon. Der Donner grollt und es macht total zu.
Franz ist immer mit witzigen Bemerkungen zur Stelle. Ich erfahre, dass er der Ortsgruppenleiter und Initiator dieser Tour ist.
So viel geblödelt habe ich schon lange nicht! Richtig herzerfrischend! Das macht den Kopf frei. In meiner Familie wurde auch immer viel geblödelt und mit der Sprache gespielt. Wir hatten unseren Spaß daran, mit Mutter die Wörter zu verballhornen, zu verdrehen und Reime zu erfinden. So vieles erinnert mich hier an diese Zeiten!
Sobald der Weg wieder steiler wird, geht Anni 1:1 in meinen Schritten hinter mir. Wenn ich meinen Fuß hebe, setzt sie ihren hin. „Willst du vor?" frage ich sie, aber sie verneint, genießt es, ganz knapp hinter mir zu gehen. „Dein Tempo ist so gleichmäßig. Toll - das tut gut!" meint sie. „Außerdem ist der Weg steil, da würde ich sonst schlapp machen!" Wir mühen uns hinauf, der Regen strömt hernieder und wir beginnen zu witzeln. Aus-

gerechnet TROCKENbrotscharte heißt dieser Übergang vom Obertal ins Göriachtal!
Endlich oben, haben wir 460 HM hinter uns gebracht. Ich verteile wieder Süßigkeiten und erfreue mich an ihrer Freude und dem Umstand, dass mein Rucksack leichter wird. Jetzt gäbe es die Möglichkeit, die Krautgartscharte und den Kübel zu besteigen; aber nicht bei diesem Wetter.
Hier unten liegt die Landwierseehütte vor mir, das weiß ich aus der Karte. Sie war der Auslöser für meine Wanderung. Aber nichts ist von der Schönheit dieses Talschlusses mit seinen beiden Seen zu sehen; Regen und Nebelschwaden verhindern jegliche Sicht und auch die Lust, weiter als notwendig zu gehen. Wir müssen sowieso wieder 250 HM hinunter. Mit der Zeit wird es mir egal, ob es hinauf oder hinunter geht. Mit dem langen Gehen steigt man anscheinend in eine andere Dimension ein. Man geht einfach, lässt seinen Gedanken freien Lauf und ist überrascht, wie viel einem das Gehen aus dem Leben aufzeigt.
Anni bleibt auf der Scharte und wartet auf die anderen ihrer Gruppe.
Ich gehe weiter, freue mich, dass der Regen nachlässt und später ganz aufhört. Trotzdem heißt es aufpassen, ein nasser Weg in den Ber-

gen birgt Gefahren. Für einige Minuten reißt es auf, ich kann rechterhand die Hütte, über ihr die beiden Seen und gerade vor mir den mächtigen Hochgolling, dessen Besteigung das erste Highlight meiner Überschreitung sein soll, erkennen.
Kurz vor der Hütte treffe ich eine Gruppe Tschechen, die sich eine Pause mit Suppe und Kaffee, beides über Gas erhitzt, gönnt. Sie haben alles mit, denn in ihrem Land gibt es keine Berghütten mit Versorgung, erzählen sie mir und laden mich auf einen Becher Kaffee ein, welchen ich dankend annehme. Ein Genuss!
„Das erlebst du auch nur, wenn du alleine unterwegs bist", denke ich mir. Und zum Thema „Mitnehmen" wird mir bewusst, dass ich sehr wohl um die Existenz unserer Hütten weiß, welche noch dazu meine Etappenziele sind. Trotzdem habe ich Proviant mitgenommen, als wäre ich ohne Hütteneinkehr auf dem Weg und außerdem für mehr als eine Person. Das sind also die Aussagen über die zu schweren Rucksäcke der Pilger…
Wir plaudern noch ein wenig in radebrechendem Deutsch, dann verabschiede ich mich.
Es wird wieder sehr dunkel und ich eile der Hütte zu. Während ich das Gatter des Zaunes um die Hütte schließe, öffnet der Himmel er-

neut seine Schleusen und ein Starkregenguss prasselt hernieder.

Ich rette mich unter Dach und denke an die netten Tschechen und die Wandergruppe; sie haben nicht dieses Glück, gerade jetzt das Trockene erreicht zu haben.

Siebeneinhalb Stunden war ich heute wieder unterwegs. Gestern fast vollkommen alleine, heute in dieser lustigen Gesellschaft! Beides hat seinen Reiz.

Die Hütte ist ziemlich voll. Bald treffen auch die Gmünder ein und Franz verhandelt mit dem Wirten, welcher ein anderes Datum für seine Reservierung eingetragen hat. Hilde hat unterwegs die Gruppe verlassen und ist ins Tal abgestiegen, sie will später wieder dazu stoßen.

So kann ich im voll belegten Lager ihren Platz einnehmen. Im hintersten Winkel gibt es noch eine freie Matratze, für die Rucksäcke ist kaum Platz. Außerdem werden viele Kleidungsstücke zum Trocknen aufgehängt.

Als erstes heißt es, Waschräume und Toiletten aufsuchen, eine Ernüchterung im Vergleich zu der um viele Jahre jüngeren Giglachseehütte.

Aber die beiden Galerieräume sind groß, warm und gemütlich. Ich setze mich zu den Waldviertler Naturfreunden, freue mich auf ein

warmes Essen und teile dann meine vielen Erdnüsse mit ihnen.
Es geht lustig her und ich stimme frohgemut in die Unterhaltung ein. Sie bewundern meinen Mut, so alleine über die Berge zu gehen.
Der Wirt lässt mich den Akku meiner Kamera laden, somit ist das Fotografieren für den nächsten Tag gesichert.
Die Nacht ist zum Teil mühsam, weil die Luft durch die vielen Leute sehr sauerstoffarm wird. Das Fenster zu öffnen ist wegen des starken Regens nicht sinnvoll. Außerdem schnarchen einige, und das im Ausmaß einer ganzen Kompanie!
Trotzdem schlafe ich immer wieder tief und fest. Franz liegt neben mir und ich fühle mich wohl.

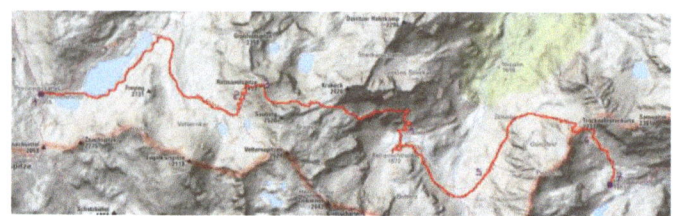

Etappe 2: Giglachseehütte – Landawierseehütte

1 Giglachseehütte 1955 m (Steiermark)
2 Der „rote" Steilhang der Rotmandlspitze
3 Rotmandlspitze 2453 m
4 Keinprechthütte 1872 m
6 Trockenbrotscharte 2237 m
Landesgrenze Stmk/ Sbg
7 Landawierseehütte 1985 m (Salzburg)

Ca. 870 HM im Anstieg
Ca. 840 HM im Abstieg
Ca. 11 km
Ca. 7 ½ Std. unterwegs

1: Die Wolke schiebt sich über den Berg

2: Am linken Rücken führt der Weg im Zick-Zack steil nach oben

3: auf der Rotmandlspitze
Hinter mir die beiden Kalkspitzen
und die Giglachseen mit beiden Hütten

4: Die Keinprechthütte

5: talauswärts

6: Landawierseehütte mit Hochgolling

7: Landawierseehütte

Etappe 3
Wenn der Himmel der Erde nah ist

Emsiges, fast hektisches Treiben herrscht im Lager schon bevor das Morgengrau durch das kleine Fensterchen in den Raum dringen kann. Viele kramen in ihren Rucksäcken herum, ein Kommen und Gehen erfüllt den Raum. Erste Lacher schrecken Schläfer auf und Fragen ertönen, wer denn diese lauten Schnarcher waren, die die Nachtruhe so permanent gestört haben! Zwischen den Gmünder Naturfreunden gibt es Schlagabtausch, es wird gewitzelt, geblödelt und gelacht; allen voran immer wieder Franz.
Ganz anders als die Beschaulichkeit des letzten Morgens!
Ich kuschle mich noch einmal in meinen Schlafsack und spüre der Enttäuschung über diese Hütte nach, auf die ich mich so sehr gefreut hatte.

Ist es wegen des tristen Wetters? Dem Grau-in-Grau? Oder war einfach meine Erwartung zu hoch? Zu unrealistisch?

Ich habe dieses Gesamtbild des Kalenderblattes vielleicht als umwerfend erwartet, wenn ich es in Natura zu Gesicht bekomme. Wie ein Plätzchen, das man gar nicht mehr verlassen will. Und dem war dann eben nicht so.

Der Spruch „Hat man keine Erwartungen, kann man auch nicht enttäuscht werden" bewahrheitet sich also.

Als eine der letzten mache auch ich mich fertig und gehe hinunter zum Frühstück.

Während ich noch meinen Kaffee genieße, brechen die meisten Wanderer schon auf. Langsam wird es ruhig in der Gaststube, das ist schön.

Ich unterhalte mich noch mit dem Wirt, wie denn die Hütte nun wirklich heiße, da ich unterschiedliche Bezeichnungen gelesen habe; aber alles ist richtig: Landwirseehütte und Landawierseehütte, beides mit kurzem oder langem i, anscheinend, wie es gefällt!

Ich verstaue noch meinen Akku und trete um halb neun Uhr hinaus in den Regen. Der Wind bläst ordentlich, sodass ich mich gut einpacke. Nachdem ich die erste Kurve des leicht abfallenden Weges hinter mir habe, kann ich weiter vor mir und auf dem gegenüberliegenden Hang die Wanderer aus Gmünd entdecken. Wie bunte Punkte sehen sie aus mit ihren verschiedenfärbigen Regenkappen über den Rucksäcken.

Welch kleine Würmchen sind wir doch hier auf dieser Erde – und dennoch mit so viel Göttlichkeit ausgestattet! Meine vielen Talente werden mir bewusst, meine Lebensfreude und meine Dankbarkeit. Das Leben ist schön!

Im gleichmäßigen, beständigen Gehen bin ich mir der feinen Verankerung zu meinem Inneren bewusst und freue mich darüber. Das gelingt mir im Alltag viel zu selten!

Das Gewicht meines Rucksackes drückt!

Damit ich spüren kann, wie es ist, wenn man zu viel mitschleppt? „Gib weg, was nicht glücklich macht" habe ich unlängst gelesen. Mir wird klar, dass ich mich aufraffen muss, mich von dem zu trennen, was ich um mich horte, mit mir herumschleppe. Es macht nur schwer und mein Weiterkommen mühsam. Vieles, was ich nicht mehr brauche, was herumliegt im Haus, was seinen Zweck erfüllt hat - und dabei geht es nicht nur Dinge! Auch Einstellungen, Gedanken, krampfhaftes Festhalten von Kontakten usw.. Also: weg mit dem Ballast! Das wird mein nächstes Projekt!

Der Weg - und mit ihm der „Arnoweg" - zieht sich weiter hinunter durch das Göriachtal nach Tamsweg hinaus.

Ich biege links ab und erklimme den Berghang hinauf zur Gollingscharte. 500 HM sind zu schaffen, 160 davon braucht es, um wieder so hoch wie die Landawierseehütte zu sein. Auf halber Höhe befinde ich mich wieder unter den Wanderern und freue mich, dass ich so gut unterwegs bin.

Sonnenflecken und Nebelschwaden zeichnen ihr Muster auf die grünen Hänge. Der Blick zurück lässt mich erkennen, dass dieser Talschluss wirklich schön ist; er bleibt also weiterhin unter meinen Wanderzielen!

Ich gehe meinen gleichmäßigen Schritt und bin einigen Wanderern bald voraus.

Das ist eine der Erfahrungen des Alleingehens: dass es ganz und gar möglich ist, im eigenen Tempo zu bleiben. Man pendelt sich mit jedem Schritt auf seine eigene Geschwindigkeit ein, wird je nach Steigung langsamer oder rascher und kommt beständig voran. Jeder Schritt bringt mich dem Ziel näher, welches hier die Gollingscharte ist.

Dort wollen wir zusammenwarten und die Besteigung des Hochgollings beratschlagen. Auf seinem Gipfel zu stehen soll auch für die

Gruppe aus dem Waldviertel das Highlight dieser Tour sein.
Der auf der Landesgrenze gelegene Hochgolling mit seinen 2862 m ist die höchste Erhebung der Niederen Tauern und somit auch der Schladminger Tauern.

Zwischendrin hat es immer wieder aufgerissen, aber hier auf der Scharte ist es ungemütlich kalt, die Finger sind klamm und Nebelschwaden pfeifen um uns her. Fröstelnd ziehe ich mir meine Weste darunter an.
Der Berg ist nach wie vor von einer dicken Nebelhaube verhüllt, die Besteigung würde uns nur die Tatsache bringen, dass wir oben waren. 550 HM heißt mindestens zwei bis zweieinhalb Stunden Aufstieg, dieselbe Zeit herunter. Außerdem im dichten Nebel; also ohne Sicht und zudem auf einem Weg, der wegen seiner Abschüssigkeit und dem lockerem Gestein gefährlich und nicht zu unterschätzen ist.
Ich kenne den schwierigen und sehr anstrengenden Weg von einer Jungscharbergwoche. Wir hatten damals beste Bedingungen und die Aussicht war grandios.
Aber unter diesen Voraussetzungen wäre der Gang auf den Gipfel unverantwortlich.

Die Vernunft siegt nach einigem Abwägen. Zwar schade, aber es ist die richtige Entscheidung für alle.
Ich teile noch viele Riegel aus, dann verlassen wir Salzburg und treten den Abstieg zum Gollingwinkel und weiter zur Gollinghütte an. Also 600, bzw. 700 HM bergab!

Mitten im Steilhang klinke ich mich aus der Gruppe aus und mache Pause. Meine Knöchel und Sprunggelenke schmerzen und brauchen Zuspruch. Ich massiere sie, liebkose sie mental und mache mir Gedanken, was sie alles leisten – noch dazu mit diesem Gewicht auf meinem Rücken!
Kurzerhand leere ich den Rucksack und packe neu. Fast alles Essbare – Brot, Croissants, Würstchen und Käse - schenke ich zerkleinert den Vögeln, Käfern und sonstigem Getier. Jetzt ist nicht mehr viel übrig. Ich kann die Verlängerung meines Rucksackes einfahren und freue mich, wie klein er geworden ist. Klein und leicht. Eine richtige Wohltat! Ich freue mich in dem Bewusstsein, dass ich nicht horten brauche, weil für mich gesorgt ist!

Beim Weitergehen entdecke ich einen wunderschönen Stein. Einen Glimmerschiefer wie auf

dem Weg zur Rudolfshütte im „Nationalpark Hohe Tauern"!
Ich nehme ihn lange in meine Hände und lasse meinen Gedanken freien Lauf.
Wie hart ein Stein ist! Wie hart auch ich immer wieder bin! Ich empfinde das als Schutz, wenn ich mich abgrenzen will oder wenn mir alles zu viel ist.
Innen aber ist der weiche Kern, mit dem ich sorgsam umzugehen lernen muss. Hier auf dieser Wanderung fange an, mich selber wieder zu spüren. Ich merke wie ich beginne, die harte Schale abzulegen. Gleichzeitig weiß ich, dass ich dadurch verletzlich werde, wenn ich nicht achtsam bin. Wie dieser Stein in meinen Händen, er lässt sich sogar zerbröseln.
Deshalb lege ich mir im Alltag wahrscheinlich solche Panzer zu, weil die Ressourcen zum achtsamen Umgang mit dem weichen, verletzlichen Inneren oft nicht gegeben sind.

Unten scheint die Sonne, auch auf dem Berg gegenüber. Hinter mir allerdings schaut die Gollingscharte fast schwarz herunter; dichte, dunkle Nebelschwaden geistern um die Felsen. Wenn die Wolken so tief hängen, ist der Himmel der Erde sehr nahe. Oder ist der Himmel darüber und bilden die Wolken eine

Barriere? Für mich ist es das erste, denn ich fühle mich wie im Himmel: mitten in meiner geliebten Bergwelt und mir selber ganz nahe!
Neben dem steilen Weg rauscht der Bach und übertönt mein Singen. Ich bin glücklich, dass mein Rucksack nun um so vieles leichter ist. An einer gefährlichen Stelle verliere ich fast das Gleichgewicht - der Weg ist nass, also heißt es besser aufpassen!
Im Gollingwinkel, angeblich dem schönsten Talschluss der Alpen, grasen Pferde. Diese anmutigen Tiere kümmern sich nicht um mich, also kann ich getrost auf dem Weg bleiben und weiter talauswärts gehen.
Ich komme an dem riesigen Felsen vorbei, der sich an der Wegkreuzung zum Greifenberg und den Klafferkesseln befindet.
An ihn erinnere ich mich noch gut!
Das war die Tour mit meinen beiden Kindern, damals 13 und 11 Jahre alt.
Kurz vor halb eins erreiche ich die Gollinghütte. Es dürfte gerade geregnet haben, denn alles ist nass und auf dem Weg steht Wasser. Zwei Schweine, David und Goliath benannt, stehen auf dem Holzsteg zur Eingangstür.
Der Himmel lichtet sich bereits und erste Sonnenstrahlen schauen vereinzelt durch die Wolkendecke.

Ich freue mich, dass die Tour für heute zu Ende ist.

In der Hütte werde ich von den Gmündern lautstark begrüßt und mein Rucksack erregt wieder einmal Aufsehen. Diesmal, weil er so klein geworden ist. „Was ist denn da passiert?" wollen sie wissen und lachen über das viele Gewicht, welches ich bisher geschleppt habe.
Es ist warm eingeheizt, richtig zum Wohlfühlen.
Nach einer heißen Suppe komme ich bald zum Duschen dran, so ein Luxus! Dann lege ich mich für zwei Stunden ins Lager und schlafe.
Gut erholt und glücklich denke ich mir wieder einmal: Das Leben ist schön!!
Ich bin froh, dass mich die Waldviertler so in ihre Gruppe aufnehmen! Wir spielen „Stadt-Land", das kenne ich aus meiner Hauptschulzeit. Aber hier wird geschummelt und erfunden, gelacht und verteidigt, und der Spaß geht nicht aus.
So eine lustige Gruppe von Erwachsenen habe ich überhaupt noch nie kennengelernt! Da kann man blödeln wie in jungen Tagen und wird nicht schief angeschaut; das tut gut!

Zum Abendessen sind wir im kalten Extrazimmer.
Also zusammenrücken, damit es wärmer wird!
Ich teile meinen ausgezeichneten, knusprigen und süßen Kaiserschmarren mit Franz und bekomme dafür einen Teil von seinem Schnitzel. Gute Zusammenarbeit nennt man das!
Wir spielen und lachen noch lange, bevor wir dann das Lager aufsuchen.

Eine Weile liege ich noch wach und lasse den Tag an mir vorbeiziehen.
Wie nebensächlich doch das Wetter ist, wenn alles andere passt! Ich war in der Gruppe und auch alleine, ich durfte wählen, was mir gerade gut tat.
Ich habe auf mich achtgegeben und Ballast abgeworfen. Ich habe Einsichten gewonnen und bin mir nahe gekommen.
Im Gehen ordnet sich vieles neu, im Gehen werde ich fröhlicher und ausgeglichener. Das Gehen verändert. Es verleiht meinen Gedanken Flügeln. Ich spüre, dass ich mein Herz weit aufgemacht habe, um Neues einzulassen.
Dann rolle ich mich zusammen, fühle mich geborgen und lächle über die ersten Schnarchversuche, die bald zu hören sind.

Etappe 3:
Landawierseehütte - Gollinghütte

1 Landawierseehütte 1985 m (Salzburg)
2 Gollingscharte 2326 m
Landesgrenze Sbg/ Stmk
3 Gollinghütte 1641 m (Steiermark)

Ca. 500 HM im Anstieg
Ca. 840 HM im Abstieg
Ca. 5 km
Ca. 4 ½ Std. unterwegs

Blick zurück zur 1: Landawirseehütte

Wie kleine bunte Punkte…

2: Auf der Gollingscharte

Blick von der Scharte in den Gollingwinkel

Der Weg hinunter über den Geröllhang

Blick zurück zur Scharte

Im Gollingwinkel grasen Pferde

Der riesige Stein an der Kreuzung

3: Die Gollinghütte

David und Goliath

Etappe 4
Einmal oben – einmal unten

Das Geschnarche der Nacht hat mich vom Schlaf nicht abhalten können. Ich bin erholt und freue mich auf den neuen Tag.
Franz hat mit Peter schon gestern ausgemacht, dass sie vor den anderen losgehen wollen, damit sie genug Zeit für den schwierigen Anstieg haben.
Leise verlassen sie sehr früh das Lager, Anni schließt sich ihnen an.
Eine Stunde später brechen auch die anderen auf, am Gipfel des Greifenberges wollen sie sich treffen und dann gemeinsam in die Klafferkessel absteigen.
Ich bleibe noch länger mit Emmi und Willi in der Gollinghütte beim Frühstück sitzen. Sie lassen den steilsten Teil der Wanderung aus; nehmen den Abstieg hinunter ins Tal, um über

den Riesachwasserfallweg zur Preintalerhütte im Nachbartal zu gelangen.

Um halb neun Uhr breche ich in dem Wissen auf, dass nun 1000 Höhenmeter in weniger als 2 km Luftlinie zu bewältigen sind; das heißt, Steilheit ist vorprogrammiert!

Bei jedem Schritt bin ich in Gedanken bei meiner damaligen Wanderung mit meinen Kindern, und ich wundere mich immer weniger darüber, dass meiner lieben Steffi hier die Lust am Gehen abhanden gekommen ist.

Der Weg ist wirklich mühsam und steil, außerdem sind vom gestrigen Regen Erde und Fels noch nass. Ausgesetzte, rutschige Passagen, die trotz Seilversicherung hohe Aufmerksamkeit verlangen, reihen sich aneinander.

Doch mit Beständigkeit gewinne ich an Höhe und erreiche nach zweieinhalb Stunden den um 810 m höher gelegenen Greifenbergsattel. Hier befindet sich der Sattelsee, der höchstgelegene See der Schladminger Tauern.

Es ist empfindlich kalt. Der Nebel, der den Gipfel einhüllt, reicht bis zum Sattel herunter und der Wind tut das Seine dazu. Die Rast, die ich mir hier gönne ist nur kurz; gerade so lange, um wärmere Kleidung anzuziehen und etwas zu trinken.

Ich nehme die weitere Strecke in Angriff.

Entlang der Landesgrenze führt der Weg, er ist nicht einfach; Felsbrocken und Schotter ermüden die Fußgelenke.
Während ich langsam einen Fuß vor den anderen setze, fühle ich mich mit meinen Kindern sehr verbunden. Zeiten treten in Erinnerung, als die beiden noch sehr jung waren – Josef schon im Kindergarten und Stefanie noch daheim. Das war manchmal ein sehr steiniger Weg, wenn auch schön!
Einmal oben, einmal unten!
Hier auf meinem Weg wie im Leben!
Immer, wenn ich weder ein noch aus gewusst habe, wenn mir alles zu viel war, habe ich Lieder oder Gedichte geschrieben, um mir das Zuviel „von der Seele zu schreiben". Das hat mir Luft und Raum gegeben. Es war meine Art, den ermüdenden Alltagstrott zu verarbeiten und zu verkraften.
Eines dieser Gedichte ist

HAUSFRAUEN – DASEIN

Die Hausfrau, die schafft froh und munter,
wenn auch alles drüber, drunter
ist.
Mist!

Aufsteh´n, Frühstück richten –
Den ersten Streit schon schlichten!
„Könnt ihr euch denn nicht vertragen?"
Das schlägt sich noch auf meinen Magen!
Frühstück fertig. „Setzt euch nieder!"
Das Streiten geht ja an schon wieder…
„Hände waschen, Zähne putzen!"
Wird das Reden einmal nutzen?
„Anzieh´n, schnell, tut´s endlich weiter!"
Na, das wird ja wieder heiter!
Jeden Morgen gleicher Stress –
ob ich als Alte das vergess´?

Ist der Josef außer Haus, (Kindergarten)
fängt das Putzen an, o Graus.
Wäsche waschen, Boden kehren,
Feuer machen, Mist ausleeren,
Zimmer lüften, Betten machen,
Atem holen – weitermachen!
Waschmaschine schleudert schon,
und es läutet ´s Telefon.
Steffi räumt inzwischen her:
Puzzles, Duplo, bitte sehr!
„Mama, bitte les´n"
„Fon leit" (Telefon läutet) - „wer is´ wesn?"
„Angeschmiert hob i do"
Und ich ärgre mich, nau do…..
„Geht a wieda weg mit Putz´n?"
Und ich frag´ mich und muss stutzen:

Ist das unser Lebenssinn?
Wo führt alles das noch hin?

Mit viel Müh´ und Not und Plag´
geht vorüber so ein Tag.
Fertig bin ich und auch müd´.
Nur wovon? – do werd´ i wüd (wild).
So was kann nur einer fragen,
so was kann nur einer sagen,
der von NIX a Ahnung hat,
gar nicht weiß – drum sei er stad (still) –
dass grad die tausend Kleinigkeiten,
drüber braucht man gar nicht streiten,
die da ständig sind zu tun,
die verhindern jedes Ruh´n
einen wirklich oft zermürben.
Da gibt´s viel zum Runterwürgen!!!

DOCH:
Es gibt wie überall im Leben
Der Dinge zweite Seite. Eben!

Lacht und singt das Steffi – Kind,
sagt Josef, dass wir Freunde sind,
baut die Steff´ in Windeseile
zusammen 40 Puzzleteile,
singt der Josef mir was vor,
- und richtig hat er´s auch im Ohr –

merk ich, wie so manches rennt,
wie man´s aus dem (Pädagogik-) Buche kennt,
ruft vielleicht wer Lieber an,
ja dann…
denk´ ich mir mit vollem Recht:
mir geht´s wirklich nicht so schlecht!
Könnt´ vielleicht an manchen Tagen
etwas mehr Geduld vertragen,
nicht so schlimm gleich alles nehmen
und mich oft nach Ruhe sehnen.
Diese kommt noch früh genug –
und dann gibt´s nur VOR, kein Z´RUCK.

Einmal oben, einmal unten,
fest sind diese zwei verbunden.
Bin ich oben, weiß ich: Dann
fang´ bald von vorn´ ich wieder an:
Putzen, waschen, Essen richten,
und da wär´ ein Streit zu schlichten………….

*

Ich bin froh, als ich um halb zwölf Uhr die 1000 HM hinter mir habe und auf dem Gipfel stehe!
Juchuuuuu!
Von Aussicht kann ich allerdings nur träumen, denn dichter Nebel hüllt mich ein.

Trotzdem durchströmt mich ein sagenhaftes Glücksgefühl.
Endlich wieder auf einem Gipfel stehen!
Wie großartig ist die Freiheit, die ich hier verspüre!
Lange habe ich darauf warten müssen.
2.618 m !
Die Verankerungsseile des Gipfelkreuzes sind mit tibetischen Gebetsfahnen geschmückt.

Inzwischen sind die Wanderer, welche ich auf dem Greifenbergsattel überholt habe, angekommen.
Die Gipfelrast halten alle aufgrund der Kälte und der fehlenden Aussicht kurz – und so steigen wir gemeinsam den Grat hinunter, bis sich der Weg teilt.
Sie nehmen den Weg in die Klafferkessel, ich entscheide mich für den Alleingang und wähle damit eine mir unbekannte, sehr schwierige Route – den Abstieg in den Lungauer Klaffer.
Jeder Schritt will hier sorgsam gesetzt sein, der Weg ist kein Kinderspiel sozusagen.

Manchmal entscheide ich mich auch in meinem Leben für eine unbekannte, schwierige Variante; brauche die Herausforderung und den Kitzel.

Sorgsam taste ich mich auf dem gefährlichen Weg nach unten, wissend, dass ich mich nicht auf der Hauptroute befinde, wo immer wieder Leute vorbeikommen.
Hier darf nichts passieren!
Nach zirka einer halben Stunde habe ich die „Nebelglocke" hinter mir. Unter mir sehe ich den auf 2.200 m liegenden türkisgrünen Lungauer Klaffersee, dessen Oberfläche sich im Wind kräuselt und zum Teil den gegenüberliegenden Berg spiegelt.
Ich suche mir eine angenehme Stelle, um mich von den Strapazen des überaus anspruchsvollen Weges zu erholen. Während meiner Pause entdecke ich viele kleine Schönheiten rundherum: Moose, Flechten in verschiedenen Farben und kurzstielige, blühende Alpenblumen.
So ist es, wenn du dir Zeit zum Innehalten nimmst: Du entdeckst viele Schönheiten, an denen du sonst unbemerkt vorbeieilst.
Über große Steinblöcke führt mich die Markierung dem See entlang und ich erreiche bald die Geländekante, wo ich feststellen muss, dass ich noch einmal einen ordentlichen Abstieg vor mir habe. 200 m unter mir zeigt sich der nächste türkisgrüne See, der Zwerfenbergsee; linkerhand geht's zum Angersee wieder hinauf. Diesen Ab- und Aufstieg will ich mir

sparen und entscheide mich für einen „wilden Abkürzer". Ich probiere, das verzweigte Bächlein neben mir zu überwinden, was nach einigen Versuchen gelingt. Den schrägen Hang will ich ziemlich auf gleicher Höhe bleibend queren und somit meinen Weg verkürzen. Doch schon bald rutsche ich aus und lande unsanft. Reumütig kehre ich um, plage mich ein weiteres Mal über das Bächlein und steige die vielen Höhenmeter den markierten Weg hinunter. Schön brav. Bis hinunter zum See auf etwas mehr als 2000 m Seehöhe.

Wieder eine Weisheit erlebt: Oft bringen gut gemeinte Abkürzungen keine Erleichterung, ganz im Gegenteil! – sie sind manchmal ziemlich kraft- und zeitaufwändige Umwege.
Müde nehme ich die vor mir liegende Steigung in Angriff. Langsam – einen Schritt nach dem anderen. Um 14:40 Uhr stehe ich auf dem nächsten Sattel: dem Waldhorntörl auf 2283 m. Ich bin dem Nebel wieder sehr nahe gekommen, habe aber noch gute Sicht.
Zwei Murmeltiere lassen sich blicken – fein, dass der Wind in meine Richtung bläst. So haben sie mich noch nicht entdeckt.

Einmal oben, einmal unten …

Die Wanderung ist wie das Leben. Bist du oben, geht's wieder hinunter und umgekehrt.
Für mich heißt es jetzt auch wieder absteigen, herauf zum Törl war der letzte Anstieg für heute. Von der Kreuzung in den Lungauer Klaffer hinunter bis hierher bin ich auf salzburgischem Boden unterwegs gewesen.
Von hier weg geht es wieder in die Steiermark.
Der Weg ist schön, aber anstrengend.
Mir ist, als wären meine Gelenke alle ausgeleiert und ich freue mich, wenn diese Etappe geschafft ist.
Quer über den leicht begrasten Schotterhang führt der Steig bergab, – steil nach unten, unten, unten… zwischen dem Kapuzinersee und einem weiteren kleinen See über einige Geländestufen in das Tal hinaus.
Hier kenne ich mich wieder aus.
Auf einer Kante stehend erkenne ich den im Zickzack geführten Weg, der sich aus dem Klafferkessel kommend über die Klafferscharte hinunter zum Weg durch das Innere Lämmerkar zieht. Am Kreuzungspunkt der beiden Wege beginnt das Äußere Lämmerkar.
Bis dorthin habe ich allerdings noch ein gutes Stück vor mir!
Unterwegs esse ich etwas und fülle Wasser nach.

Große Grasbüschel zieren den Wegrand, vereinzelt finden sich auch Blümchen und im weiteren Wegverlauf, weiter tiefer kommend, Almrausch- und viele Heidelbeerstauden.
Fast automatisch setzt mein Körper einen Fuß vor den anderen, ich gehe wie in Trance. Das war heute wirklich anstrengend.
Ich passiere die Kreuzung, wo der Weg aus den Klafferkesseln herunterkommt und weiß, dass ich noch mehr als eine halbe Stunde Wegzeit vor mir habe.
Ich leiste Abbitte an die damals kleine Steffi, Josef hatte sich auf dem Greifenbergsattel anderen Wanderern angeschlossen.
Auf der letzten Geländestufe kann ich die beiden Häuser erkennen: die Preintalerhütte und die Waldhornalm, beide auf 1657 m Seehöhe.
Die anderen sind längst schon da und begrüßen mich herzlich, als ich völlig ausgemergelt eintreffe. Ein Teil von ihnen sitzt in der Waldhornalmhütte, dort schaffen zwei ältere Leute. Sie hüten Vieh, verarbeiten Milch und richten Essen für Gäste. Ich geselle mich dazu, eine warme Gemüsesuppe kurbelt meinen Kreislauf an – und der Kaiserschmarrn, den die Sennerin Heidi für uns zubereitet, ist unübertreffbar gut. Frisch und knusprig, dazu gibt es Kompott aus frisch gepflückten Heidel-

beeren, ein Gedicht! Vier Teller stehen in der Mitte des Tisches – und alle lassen es sich schmecken.

Der Schmäh läuft schon wieder und ist wohl den ganzen Tag nicht abgerissen. Ich fühle mich pudelwohl und meine körperliche Zerschlagenheit löst sich schön langsam.

Da ich das Lager in der Preintalerhütte als riesig in Erinnerung habe, frage ich, ob es hier in der Waldhornalm auch Schlafplätze gibt – und die gibt es. Unter dem Dach sind zwei gemütliche kleine Lager, da will ich mich einquartieren. Emmi schläft auch herüben und erzählt mir von ihrem Abstieg von der Gollinghütte und dem Weg vom Tal über den Riesachsee herauf. Ich lasse meinen Tag auch noch einmal Revue passieren und erkenne, dass ich den ganzen Tag mit mir alleine unterwegs gewesen bin. Das hat gut getan – aber ebenso habe ich „meine" Wandergruppe vermisst – ihr Lachen, ihre Blödeleien, ihr Schweigen, einfach ihr Dasein. Ich merke, dass ich mich in diese Gruppe integriert habe – in so kurzer Zeit!

Mit Schrecken denke ich daran, dass der Großteil von ihnen morgen ins Tal absteigen wird. Gibt es ein Wiedersehen? Oder war´s das? Sind sie dann aus meinem Leben einfach wieder draußen?

Heute bin ich wirklich müde! In acht Stunden habe ich fast ohne Pause 2450 Höhenmeter im Auf- und Abstieg hinter mich gebracht. Eine ordentliche Leistung! Dafür bin ich redlich müde!

Der Mond scheint durch das kleine Fensterchen, aber ich sehe ihn nicht mehr lange. Einmal die Augen schließen und ab ins Land der Träume …

In der Nacht liege ich lange wach und eine leise Traurigkeit beginnt sich auszubreiten.
Bald heißt es Abschied nehmen von den Bergen und den liebgewonnenen Waldviertlern.
Aber einen Tag habe ich ja noch mit einem Teil der Gruppe. Darauf freue ich mich!
Lächelnd schlafe ich weiter, einem neuen Morgen entgegen.

Etappe 4:
Gollinghütte - Waldhornalm

1 Gollinghütte 1641 m (Steiermark)
2 Greifenbergsattel 2450 m
3 Greifenberg 2618 m
Weiter auf der Landesgrenze zur
4 Oberen Klafferscharte 2520 m
(zwischen 4 und 5: Salzburg)
Lungauer Klaffersee 2197 m
Zwerfenbergsee 2024 m
5 Waldhorntörl 2283 m
Landesgrenze Sbg / Stmk
6 Waldhornalm/ Preintalerhütte 1657 m (Steiermark)

Ca. 1240 HM im Anstieg
Ca. 1220 HM im Abstieg
Ca. 11 km
Ca. 8 Std. unterwegs

Links der Hochgolling, rechts die 1: Gollinghütte

2: Am Sattelsee ist es ungemütlich kalt

3: Greifenberg, 2618 m

4: Obere Klafferscharte

In den Lungauer Klaffer

Wie schön!

Die Geländekante vom Lungauer Klaffersee

5: Endlich auf dem Waldhorntörl

Blick zurück: li: Angersee, re: Zwerfenbergsee

Steil führt der Weg vom Waldhorntörl herunter

Von links kommend führt der in Serpentinen verlaufende Weg aus den Klafferkesseln ins Innere Lämmerkar.

6: Preintalerhütte und Waldhornalm

Kaiserschmarren mit Heidelbeerkompott
hmmmm…

Abendstimmung

Etappe 5
Höhepunkt und Abschiedsschmerz

Gut geschlafen! Der Duft von Kaffee steigt in unsere Nasen, während Emmi und ich noch im Bett liegen. Geräusche der morgendlichen Arbeit auf der Alm dringen von unten herauf.
Emmi erzählt mir von der Wandergruppe und ihren Aktivitäten. Sie lacht viel, während sie Anekdoten von sich gibt.
Ich habe gute Lust, zu ihnen zu gehören, sie haben ein reges Vereinsleben!

Nach dem Frühstück trifft sich die Gruppe zum Verabschieden.
Ich freue mich über ihre Herzlichkeit und dass ich dabei sein darf.
Während die anderen über den Riesachsee ins Untertal absteigen, nehmen wir zu sechst die heutige Etappe in Angriff: zunächst einmal zur Neualmscharte auf 2347 m, also knappe

700 HM höher. Dann steht die Besteigung der Hochwildstelle, 2747 m, auf dem Programm. Wir werden sehen, wie sich das Wetter entwickelt. Anschließend soll es auf der Nordseite der Neualmscharte hinunter Richtung Ennstal gehen – zur Hans-Wödl-Hütte, in der wir noch einmal nächtigen wollen.

Gleich hinter der Waldhorn-Alm geht der Weg bergan. Nach ca. 200 HM kommen wir zu einer Kreuzung. Rechts geht der Direktanstieg auf die Hochwildstelle, links zieht sich der Höfersteig langsam hinauf und gibt immer wieder wunderschöne Blicke ins Tal frei. Der Riesachsee liegt bald tief unter uns. An der Kreuzung haben wir den Weitwanderweg 02 verlassen, dem ich seit Obertauern gefolgt bin.
Ich habe mich als „Schlusslicht" eingeordnet und halte einen etwas größeren Abstand.
So ist es möglich, in meinem Rhythmus zu bleiben; egal, ob der Vordermann im Tempo etwas anzieht oder nachlässt.
Ich fühle mich wohl und freue mich, heute nicht alleine unterwegs zu sein.
Wir folgen Markierungspunkten, dazwischen sind die einzelnen Schritte der jeweiligen Situation angepasst.
Der Weg wird für mich zu einer Metapher.

Ziel – Markierungen – dazwischen unterschiedliche Situationen. Wie die Jahres- und Detailplanung in meiner Arbeit als Pädagogin und Leiterin im Kindergarten?
Wie mein Lebensweg?
Auch da heißt es immer wieder, sich neu auszurichten an den jeweiligen Orientierungspunkten und Gegebenheiten.

Der Weg führt uns über einige mit Drahtseilen gesicherte Stellen bergan, vorbei an blühendem „Weißen Germer", an kleinen und kleinsten Seen, an deren Rand sich Frösche sonnen.
Nach knapp drei Stunden haben wir die Neualmscharte erreicht.

Wir können von hier hinaus ins Ennstal sehen; uns gegenüber Stoderzinken und Kammspitze sowie ansatzweise der Grimming. Vor uns die 3 Seen, welche wir passieren werden, um ins Ennstal zu gelangen.
Die Wolkendecke hängt sehr tief und mit kritischen Blicken mustern wir den Gipfel der Hochwildstelle. Nebel beginnt ihre Spitze einzuhüllen. 2 Stunden Gehzeit und Trittsicherheit sind für die Besteigung erforderlich.
Franz und seine Freunde entscheiden sich zum Abstieg.

Ich will die Besteigung der Kleinen Wildstelle wagen, lege meinen Rucksack zur Seite und marschiere, nur mit meiner Kamera ausgerüstet bergan. Blauer Eisenhut säumt den schmalen Steig, Schafe lungern auf erhabenen Stellen am Steilhang. Letzte Schneereste liegen in den Mulden und der Nebel senkt sich rasch.
Um 12 Uhr bin ich oben, lasse einen lauten Juchitzer hinunter ins Tal und freue mich!

Juchuhui…
Bin sooo glücklich!

Das ist der Höhepunkt meiner Wanderung:
Die kleine Wildstelle auf 2530 m.
Für die „große Schwester", die Hochwildstelle, hängen die Wolken leider zu tief!
Schade, dass die anderen nicht mitgekommen sind – diese 200 HM wären auch für sie ein Leichtes gewesen.

So stehe ich alleine auf dem Gipfel, genieße die doch weite Aussicht unterhalb der Wolkendecke und das Freiheitsgefühl, das mich durchströmt.
Vergessen sind die Anstrengung und der Schweiß des Aufstieges, jetzt zählt nur der Augenblick! Der Augenblick und ich! Jetzt ist

nur Platz für das Schöne. Alles andere ist weggeschaltet. Diese Leichtigkeit, die ich hier verspüre, gibt meinem Alltag Flügel. Sie trägt mich.

Dieses Glücksgefühl hätte ich gerne geteilt!

Aber so ist es auch oft im Leben: Bei Gipfelerlebnissen bist du alleine!
Du wagst die Herausforderung, setzt all deine Kraft ein und schaffst es! Den Weg alleine vor dir zu haben hindert dich nicht daran, ihn zu gehen!
Jetzt freue ich mich!
Mit Glück und Freude im Herzen marschiere ich zurück zu meinem Rucksack und steige von der Neualmscharte Richtung Norden ab zur Hans-Wödl-Hütte, wo ich mit den anderen wieder zusammentreffen werde.
Der Abstieg ist für mich elendiglich und grauenhaft sowie kraftraubend. Er fordert äußerste Konzentration.
Mich freut es gerade wirklich nicht mehr!
Irgendwann bin ich gedanklich ziemlich abwesend, bleibe mit der Schuhspitze an einem Stein hängen und es haut mich in voller Länge auf den felsig steinigen Weg. Unterarm und Hüfte sind sofort blau und schmerzen.

Die Anstrengung der letzten Tage macht sich bemerkbar.
Waren es doch nahezu 7.000 HM im An- und Abstieg zusammengezählt bis hierher – und das innerhalb weniger Tage!
Müde trotte ich den steinigen Weg dahin, zwischen kniehohen Farnen und etwa 2 m hohen Erlenbüschen. Dennoch erfreue ich mich an den mit rosa blühenden großblättrigen Pflanzen übersäten Hängen, welche zum Tiefgrün des verträumten Obersees einen wunderbaren Akzent bilden.
Am Ende des Sees gelange ich zu einer Geländestufe. Hier sieht es gemütlich und beschaulich aus! Der Blick zum tiefer gelegenen Hüttensee wird frei und ich folge seitlich dem breiten Schleierwasserfall hinunter. Nur noch dem See entlang – dann darf der Körper endlich wieder ruhen! Die Hans-Wödl-Hütte ist in Sicht!
Ich freue mich auf den gemeinsamen Abend mit meinen neuen Freunden und einen schönen Ausklang meiner und ihrer Tour.
Gerade erreiche ich die Hütte, als sie sich zum Aufbruch richten. Da es erst Mitte Nachmittag ist, haben sie während ihrer einstündigen Einkehr beschlossen, schon heute nach Hause zu fahren.

Ich bin enttäuscht! Hatte mich so sehr darauf gefreut ...
Ich bitte um 5 Minuten Rastzeit, um dann mit ihnen hinunter ins Tal zu gehen. Schwer trage ich an meiner Trauer!
Ziemlich weit unten rauscht ein hoher Wasserfall, den wir bestaunen und dort unsere Abschlussfotos knipsen. Dann geht´s weiter zum Steirischen Bodensee, dem dritten der von der Neualmscharte aus zu sehenden Seen.
Ein letztes Foto für mich, dann ist der Akku leer.
Am idyllischen Bodensee überlege ich kurz, ob ich mich im Forellenhof einquartieren soll, um meiner Tour einen gebührenden Abschluss zu geben.
Doch für das Abschied nehmen bin ich noch nicht bereit – ich fühle mich überrumpelt. Daher bleibe ich in der Gruppe, fahre mit ihnen hinaus nach Aich im Ennstal, wir holen alle unsere Autos und kehren noch auf einen gemeinsamen Kaffee ein. Dann treten wir die Heimreise an.
Über den Pyhrnpass beginnt es zu schütten.
„Der Himmel weint ..."
Eine Weile fahren wir noch hintereinander, dann verlieren wir uns auf der Autobahn.

Plötzlich bricht der ganze Abschiedsschmerz über mich herein!
Das „Hinten dranhängen" hat nichts gebracht. Ich hätte dem Impuls, am Bodensee zu bleiben folgen sollen. Aber das ist unwiederbringlich vorbei.

Das war also mein Abenteuer: Ein paar Tage allein unterwegs über die Berge – beschenkt mit wundervollen Eindrücken und Gedanken – und mit neuen Freunden!
Und jetzt? Wieder einmal Loslassen von Liebgewonnenem!

Mit ganzer Wucht wird mir bewusst, wie schwer ich mir damit tue!
Neues beginnen, mich bei etwas „ins Zeug legen", das ist Meines. Da bin ich in meinem Element.
Besonders, wenn es um etwas Unkonventionelles geht.
Aber Loslassen, Weggeben, Beenden, Abschied nehmen, Entsorgen…
Der Krempel, der die Räume meines Hauses füllt, beginnt zu drücken wie mein schwerer Rucksack und ich weiß, dass es auch hier ums Loslassen geht!

So gerne würde ich es ohne viel Aufhebens einfach tun können.
Was ist es, das mich hier so sehr bremst?

Während sich die Scheibenwischer plagen, das viele Wasser wegzubringen, laufen meine Gefühle Marathon zwischen dem Glück, das mich in den letzen Tagen immer wieder durchströmt hat und dem Abschiedsschmerz, der mir den Brustkorb zuschnürt.
Ich habe mich in dieser Gruppe der fröhlichen Leute so wohl gefühlt, fast könnte man sagen, ich habe mich in sie verliebt! Warum aber ist der Schmerz jetzt so groß? So riesengroß?
Nach diesen paar gemeinsamen Tagen? Was war es, das mich so fasziniert hat?
Schmerzt es deshalb so sehr, weil mein Herz in den Bergen ganz offen war?

Je mehr Kilometer ich hinter mich bringe, desto deutlicher wird mir bewusst: ihre intensive Lebenslust war es, ihr Lachen, ihr Blödeln, ihr Fröhlichsein!
Das vermisse ich in meinem Leben! So bin ich, wenn es mir rundum gut geht, wenn ich mich leicht und fröhlich fühle!

Wann war das zum letzten Mal?

Es erinnert mich an die Unbeschwertheit meiner Jugendzeit – und meiner Sehnsucht danach.

Franz hat für mich diese Unbeschwertheit und Leichtigkeit verkörpert – und die Wandergruppe aus Gmünd hat mir obendrein gezeigt, dass Unbeschwertheit auch im Erwachsenenleben integriert sein darf und kann!!!
Durch das Revue passieren lassen meiner Begegnungen erkenne ich: Es war ein Eintauchen in etwas NEUES, das sogar die Sicht auf mein Leben verändert.
Erwachsensein war für mich vorwiegend verbunden mit Verantwortung und viel Ernsthaftigkeit. Für Unbeschwertheit und Fröhlichkeit habe ich zu wenig bis keinen Platz gelassen.
Die Einsicht, dass es für mich als Erwachsene Möglichkeiten gibt, Unbeschwertheit zu leben, DAS IST FREIHEIT!

Es löst ganz viel Positives in mir aus!!

Außerdem war ich Teil einer Gruppe und nicht ihr Kopf!
Da stand einmal nicht ich vorne wie sonst meistens in meinem Leben (als Mutter; als Leiterin im Beruf und in der Gitarristinnen-

gruppe, als Chorleiterin, usw.) Hier konnte ich mich einfach fallen lassen und hatte Verantwortung nur für mich. Das war äußerst wohltuend und befreiend!

Jetzt geht es wieder heim. Ich habe von niemandem Adresse, Telefonnummer oder Nachname notiert.
Nur Franz hat meine Daten.
Wird er mir wie versprochen ihr Wanderprogramm schicken? Dann könnte es ein Wiedersehen geben…

In der Autobahnraststätte „Voralpenkreuz" bei Sattledt kehre ich noch einmal ein, um dann den letzten Abschnitt meiner Abenteuerreise anzutreten:
Die Heimreise nach Hause und in den Alltag.

Etappe 5: Waldhornalm – Steir. Bodensee

7: Parkplatz 1143 m

6: Steirischer Bodensee 1120 m

5: Hüttensee Hans-Wödl-Hütte 1528 m

4: Obersee 1670 m

3: Kleine Wildstelle 2530 m

2: Neualmscharte 2347 m

1: Waldhornalm/ Preintalerhütte 1657 m

Ca. 870 HM im Anstieg
Ca. 1380 HM im Abstieg

Ca. 11 km
Ca. 7 ½ Std. unterwegs

1: Waldhornalm und Preintalerhütte liegen bald unter uns

Weit draußen und tief unter uns: der Riesachsee

Weißer Germer und Frosch

Zur Neualmscharte

2: Blick von der Neualmscharte zu den 3 Seen

Der Weg hinunter …

3: Auf der kleinen Wildstelle! 2530 m

Der markante Felsen an der Neualmscharte

Schafe lungern herum

4: Obersee

Der breite Wasserfall zum

5: Hüttensee mit Hans-Wödl-hütte

6: Hans-Wödl-Hütte, Blick zur Neualmscharte

Steirischer Bodensee mit Kammspitze

Die Kraft des Impulses

Wieder daheim, beginnt sich manches neu zu ordnen; einiges geht mir leichter von der Hand, vieles erlebe ich intensiver und mit mehr Ausgeglichenheit. Meine „Rucksackgeschichte" aber ist am Nachhaltigsten und sie findet sich in vielen Lebensbereichen wieder.

Es fällt mir schwer, meinen Krempel im Haus aufzuarbeiten; doch ich weiß: wenn ich den nächsten feinen Impuls nütze, gelingt es!

Der feinste Impuls hat so starke Kraft und unglaubliche Klarheit in sich! Er lässt allen Schnick-Schnack weg – das ermöglicht absolut richtiges und rasches Handeln!
Da bedarf es keiner zusätzlichen Aufforderung oder Unterstützung mehr, der Impuls macht dich selber stark genug!

Die Kunst besteht darin, ihn in seiner sanften Feinheit wahrzunehmen und seine enorme Kraft zu nützen!

*

„Wie aus dem Doppelpunkt ein Punkt wurde"
oder
„Wie der Doppelpunkt sein Doppel verlor"

.

Ein Punkt war da.
Rund und klein.
Unscheinbar und doch so markant, wichtig und aussagekräftig.
Ein Punkt.

Ganz allein – ohne sein Doppel.
Wo war dieses hin verschwunden?
Ganz anders war dadurch seine Aussagekraft geworden.
Kein Miteinander, kein gemeinsames Auffordern oder Hinweisen mehr.
Nach einem Doppelpunkt weiß man: jetzt kommt etwas, jetzt wird's wichtig.

Aber so?
Er musste sich erst wieder finden, neu definieren.

„Ein Punkt", sagte sie, als sie ihn sah.
„so ein Winzling – und doch mit solcher Kraft!"

So ist das eben. PUNKT!
Sie hatte ihren Vater noch genau im Ohr. Wie gerne er doch dieses Wort PUNKT verwendet hatte!
Du musst auf den Punkt kommen, Mädchen, auf den Punkt!
Daran führt kein Weg vorbei. So oder so – PUNKT.
Punktum.
Wenn du diesen Punkt erreicht hast...
Wenn jemand diesen Punkt überschreitet, usw. usf. ...

Ein Punkt ist endgültig. Schluss. Aus. Ende.

Und dann war da auch noch dieser „no-return-punkt".
Kein Zurück zur alten Lebensweise, zum alten Trott, kein Zurück in die lähmende Lethargie.
An diesem besonderen, unumstößlichen Punkt war sie schon vor einer Weile angelangt. Aber sie steckte noch immer in der Kabine. Jener, welche man in den Filmen „Schleuse" nennt. Da drinnen steckte sie nun schon sehr lange.
Zu lange.
Vor dem Schritt in die neue Welt...

Wovor hatte sie solche Angst, dass sie es nicht schaffte, diesen Schritt zu tun?
Sich mit einem unmerklichen Impuls in Bewegung zu setzen?
Was hemmte sie so sehr?

Während sie den Küchenboden wischte begann sie, verschiedene Strategien zu entwickeln, die ihr endlich den ersehnten Durchbruch bringen sollten.
„Ach was", seufzte sie dann verzagt und verwarf wieder alle Ideen.
„Warum TUE ich es nicht einfach?" fragte sie sich.
„Ich probiere es einfach – spontan, aus mir heraus."

Summend verräumte sie ihre Utensilien und war plötzlich voll Tatendrang.

Auf einmal war er da. Dieser Wille, es einfach zu tun.
Ohne langes Hin- und Her- Überlegen des wie wann warum und warum überhaupt oder jetzt.
Sie nahm ein Stück nach dem anderen und entsorgte säckeweise Dinge, die sich jahrelang angesammelt hatten.
Wie einfach es ist, freute sie sich und wusste, dass es „klick" gemacht hatte.

*Nacheinander würde sie Raum um Raum durchforsten und sich von allem Überflüssigen trennen.
So eine Wohltat!
Mit jedem Sack, jeder Schachtel, gefüllt mit Krempel, wurde sie fröhlicher.
Jahrelang hatte sie einen Müllberg um sich herum gehabt, den sie nicht fähig gewesen war, nachhaltig zu entsorgen.*

*Jetzt war sie soweit.
Endlich!
Sie wusste, dass sie es schaffen würde, obwohl es wirklich viel Arbeit war.
Aber was dabei herauskam, spornte sie an.*

*Wie froh war sie nun!
Sie war ins Leben zurückgekommen und es spürte sich fabelhaft an.*

*Punkt.
Oder besser Doppelpunkt: denn es kam ja etwas Neues!*

Endlich.
.

*

Die Moral von der Geschicht'
oder
Schlusswort

Das Nachhaltigste dieser Tour war die Auseinandersetzung mit mir selber – ohne Alltagssorgen ist das natürlich leichter möglich!

Ich war auf MICH gestellt und habe alle meine Kräfte mobilisiert, um das gesteckte Ziel zu erreichen. Ich konnte mich hinter keinem verstecken oder jemand anderen für mein Tun verantwortlich machen. Es ging nur MICH an.

Es war MEIN Weg.
Er hat mich verändert.

Je länger ein Wunsch nicht realisiert wird, desto mehr übt er Druck aus. Irgendwann ist das „Feuer der Begeisterung" draußen und er wird zur Last.

Beim Realisieren des Wunsches ist es wie beim Wandern: es geht um den ersten Impuls, der alles in Bewegung setzt. Dann einen Schritt nach dem anderen, gleichmäßig und stetig.
Es ist gut, in einer Gemeinschaft eingebettet zu sein.
Dennoch ist es wichtig, seine eigene Sehnsucht zu kennen und an seine Wünsche zu glauben!
Der innere Ruf ist das, was mich ab einem gewissen Zeitpunkt einfach losstarten lässt. Die innere Sehnsucht hält mich lebendig und lässt mich manchmal auch an meine Grenzen gehen.
Mit dem Mich Aufmachen lasse ich Vertrautes hinter mir: mein „Nest", meine nächste Umgebung. Ich werde flügge, entdecke Neues – und finde mich.
Die Achtsamkeit trägt mich und gibt mir Boden unter den Füßen.
Ich begebe mich in „netzlose Zonen". Das ist man heutzutage fast nicht mehr gewöhnt.
Früher hat man „tschüss" gesagt und war dann „mal weg".
Irgendwann ist eine Ansichtskarte daheim angeflattert mit dem Text: „Es geht mir gut und liebe Grüße!" Das war's.
Während des Gehens bin ich auf mich, meine Gedanken und den Weg reduziert gewesen.

Ich bin meinem Wesen sehr nahe gekommen und habe eine gewisse Gelassenheit entwickelt, ich bin sogar vergnügt geworden!

Mein Erwachsensein ist sozusagen aus der „Zwangsjacke" geschlüpft…

Oft werde ich gefragt:
„Was ist es, das dich immer wieder hinaufzieht in die Berge?
Trotz Anstrengung, trotz Plagerei? Was gibt dir das? Was passiert ‚da oben' mit dir?"

Ich liebe das Gefühl von Weite, ich liebe den freien Blick, der meine Gedanken fliegen lässt!
Das war schon als Kind so.
Ich bin im Schloss Gurhof bei Gansbach, im Herzen des Dunkelsteinerwaldes in NÖ aufgewachsen. Die Einsamkeit, die Stille, das Oben-sein, die dünnere Luft (500 statt jetzt 200 Meter Seehöhe), der freie Blick zum Ötscher im Mostviertel und gleichzeitig zum Ostrong und Jauerling im südlichen Waldviertel haben mich geprägt!
Diese Gefühle habe ich auch auf einem Gipfel!
Sie sind intensive Lebensfreude pur und entschädigen alles.

O b e n, da fühle ich mich F R E I !
Da gibt es nur den Augenblick und mich. Da sind keine Alltagssorgen, da ist kein Platz für „Lebensmist".
Da ist nur Glück in reiner Form in mir!
Dieses Freiheitsgefühl, diese Leichtigkeit und diese fröhliche Unbeschwertheit des Augenblicks geben mir Flügel…
Sie nehme ich mit ins Tal und mit in meinen Alltag!
Davon kann ich zehren…

Das löst Gehen in mir aus:

*

**Du berührst den Boden
und federst wieder ab.
Du triffst deine Gedanken
und lässt sie wieder los.
Mit jedem Schritt
kommst du DIR näher.**

*

Gehen – da bin ich in meinem Element. Gehen und **unterwegs sein**. Das ist Meines!
Beim Schreiben dieses Buches ist mir das ganz deutlich bewusst geworden.

Was ich noch entdeckt habe:

ich muss nicht wegfahren,
um unterwegs zu sein….

D A N K E !

Ps.
Franz hat sein Versprechen gehalten und ich bin inzwischen aktives Mitglied der Naturfreunde Gmünd.
Sie zählen zu meinen engsten Freunden und bereichern nachhaltig mein Leben.

GLOSSAR
Österreichische und bergspezifische Ausdrücke, Abkürzungen

ausgemergelt	ausgezehrt
deppert	dumm, blöd
der Abkürzer	die Abkürzung
entrisch	nicht geheuer, unheimlich
erhaschen	gerade noch erwischen, erblicken
Graupel	große Hagelkörner
Heidelbeeren	Schwarzbeeren, Blaubeeren
HM	Höhenmeter
Kaiserschmarren	Österreichische Süßspeise
Kauderwelsch	Gemisch aus mehreren Sprachen, oft auch unverständlich
knipsen	fotografieren
kramen	Wühlen
kribbelig	zappelig, erregt, aufgeregt

lugen	zaghaft schauen
Mäander	Bachwindung
ohne viel Aufhebens	ohne Getöse, ohne Aufbauschung
prasseln	stark regnen, schütten
Regenlacken	Regenpfützen
Sbg	Salzburg
Schotterrietsche	steil abfallende Geröllhalde
Selbstversorgerhütte	Hütte ohne gastronomische Versorgung
Steinmandln, Steinmännchen	aufgestapelte Steine in Form von Hügeln oder Türmchen, welche zur Orientierung dienen
Stmk	Steiermark
Tram	Deckenbalken aus Holz
Tuchent	Federbett

Danke
An die Autoren Dr. Manfred Greisinger und Mag. Sabine Knoll, die die „Buch-Gebär-Gruppe" ins Leben gerufen haben.
Mit ihrer Unterstützung hat mein Projekt Füße bekommen und ist „ins Leben gegangen"

Danke
Für die vielen Ideen, mit denen wir uns in der Schreib-Gruppe gegenseitig „angesteckt" haben

Danke
Allen, die sich auf die Entstehung dieses Buches mitgefreut haben

Danke
Allen, die für mich Korrektur gelesen haben

Danke
An „Bergfex" für die Kopiererlaubnis ihrer OSM-Karten

Danke
Den Naturfreunden Gmünd, die mir einen neuen und sehr wesentlichen Aspekt in meiner Sichtweise auf das Erwachsensein ermöglicht haben